Christian Dordel

Software im Vergleich. Google Docs© vs. Microsoft Office 2010©

Textverarbeitung, Tabellenkalkulation und Bildschirmpräsentation

GRIN Verlag

Bibliografische Information der Deutschen Nationalbibliothek:

Die Deutsche Bibliothek verzeichnet diese Publikation in der Deutschen Nationalbibliografie; detaillierte bibliografische Daten sind im Internet über http://dnb.d-nb.de/ abrufbar.

Impressum:

Druck und Bindung: Books on Demand GmbH, Norderstedt Germany
ISBN: 978-3-656-87531-4

Dieses Buch bei GRIN:

http://www.grin.com/de/e-book/286643/software-im-vergleich-google-docs-vs-microsoft-office-2010

Software: Vergleich & Test
Google Docs vs. Microsoft Office 2010

Hausarbeit

vorgelegt von
Christian Dordel

Hochschule Niederrhein
Fachbereich Wirtschaftswissenschaften
Schwerpunkt: Wirtschaftsinformatik

Wintersemester 2014/15

Inhaltsverzeichnis

Abkürzungsverzeichnis

bzw.	beziehungsweise
CSV	Character Separated Values
ODP	OpenDocument Presentation
PDF	Portable Document Format
usw.	und so weiter

Abbildungsverzeichnis

Tabellenverzeichnis

1 Einleitung

Seit der Einführung der Bürosoftwaresammlung Office von Microsoft im Jahr 1989[1] entwickelte sich das Anwendungspaket zum Marktführer mit über 70 % Marktanteil im deutschsprachigen Raum per 2010[2]. Kern des regelmäßig in verbesserten Versionen veröffentlichten Softwarepaketes sind die Anwendungen Word zur Textverarbeitung, die Tabellenkalkulation Excel und PowerPoint, ein Bildschirmpräsentationsprogramm. Es handelt sich um Standardsoftware, die in Unternehmen und privaten Haushalten gleichermaßen eingesetzt wird.
Andere Anbieter entwickelten vergleichbare Software, wie StarOffice[3], WordPerfect Office[4], OpenOffice[5], Zoho Docs[6] oder Google Docs[7], um neben Microsoft Office[8] vom Markt der Bürosoftware zu profitieren.

Diese Hausarbeit vergleicht die Standardanwendungen zur Textverarbeitung, Tabellenkalkulation und Bildschirmpräsentation der beiden Anbieter Microsoft und Google. Im Folgenden wird das Angebot der Unternehmen genauer vorgestellt. Die anschließend definierten Anforderungen bilden die Grundlage der Untersuchung, um die Leistungen der Software zu dokumentieren. Die Ergebnisse werden in einer Nutzwertanalyse zusammengefasst und abschließend diskutiert.

2 Merkmale der Bürosoftware

In diesem Kapitel werden die Bürosoftwarepakete der beiden Hersteller Google und Microsoft vorgestellt, mit den Eigenschaften und Besonderheiten der vorliegenden Versionen. Grundlage bilden jeweils die letzten Produktaktualisierungen aus September 2014.

2.1 Google Docs

Google hat 2006 unter der Bezeichnung „Google Text & Tabellen“ seine erste Anwendung zur Erstellung und Bearbeitung von Textdokumenten und Tabellenkalkulationen vorgestellt. Im Jahr 2012 kam ein Programm zur Generierung von Bildschirmpräsentationen hinzu.

---

1 Vgl. Wikipedia Office (2014).
2 Vgl. Statista (2010).
3 Anbieter Avanquest: http://www.avanquest.com/
4 Anbieter Corel: http://www.wordperfect.com/rw/
5 Anbieter Apache: http://www.openoffice.org/
6 Anbieter Zoho: http://www.zoho.com/
7 Anbieter Google: http://docs.google.com/
8 Anbieter Microsoft: http://office.microsoft.com/

Das Angebot von Google umfasst zum gegenwärtigen Zeitpunkt drei Anwendungen:

- [9] Dokumente (engl. Docs)
- [9] Tabellen (engl. Sheets)
- [9] Präsentationen (engl. Slides)

Diese sind unter der Bezeichnung Google Docs in einem Paket vereint:

Google Docs
Dokumente, Präsentationen und Tabellen online erstellen und mit anderen teilen

Abbildung 1: Google Produktbeschreibung für Google Docs[10]

Bei Google Docs handelt es sich um Programme, die entweder als Webanwendung in einem Internetbrowser bedient werden können oder auf mobilen Endgeräten als installierte App. Die erzeugten und bearbeiteten Dateien werden automatisch im Cloudspeicher „Drive“ von Google abgelegt. Optional lassen sich die Dateien auch offline verwalten, dafür ist jedoch der Internetbrowser „Chrome“ von Google notwendig.

2.2 Microsoft Office 2010

Der Microsoft-Konzern brachte 1989 sein erstes Officepaket mit Grundprogrammen zur Textverarbeitung, Tabellenkalkulation und Bildschirmpräsentation auf den Markt. In den folgenden Jahren wurden diese weiterentwickelt und neue Anwendungen kamen hinzu bzw. sind entfallen.

Das Paket Office 2010, erschienen im Jahr 2010, enthält die drei Standardanwendungen

[11] Word

[12] Excel

[13] PowerPoint

und zusätzliche Programme wie zum Beispiel zur Verwaltung von Emails, Notizen und Datenbanken.

Die Anwendungen werden als einzeln ausführbare Programme auf einem PC installiert. Die erstellten Dateien können nach Belieben auf einem lokalen Datenträger, Server oder Webspeicher abgelegt werden.

---

9 http://storage.googleapis.com/support-kms-prod/SNP_2ACED64B83305574364253DFA9B5FF54C8A8_4725320_en_v0

10 Google Products (14.09.2014).

11 http://officeimg.vo.msecnd.net/de-de/files/739/510/ZA101828783.png

12 http://officeimg.vo.msecnd.net/de-de/files/908/348/ZA101828756.png

13 http://officeimg.vo.msecnd.net/de-de/files/377/858/ZA101828768.png

3 Leistungskatalog

Die Anforderungen an die Programme der beiden Softwarehersteller werden nachfolgend definiert, um eine vergleichbare Nutzwertanalyse zu ermöglichen. Der daraus resultierende Leistungskatalog umfasst sechs Anwendungsfälle als fachliche Anforderungen, sowie Benutzerfreundlichkeit und Randbedingungen. Im Anhang A ist der Leistungskatalog als Tabelle dargestellt, basierend auf den Herleitungen aus diesem Kapitel. Die für den jeweiligen Fall zu bewertenden Kriterien sind entsprechend mit einem • markiert.

3.1 Fachliche Anforderungen

Durch den hohen Leistungsumfang professioneller Bürosoftware werden die fachlichen Anforderungen in Anwendungsfällen, mit jeweils zwei Aufgaben zu jeder Softwarekategorie und mit unterschiedlichen Komplexitätsgraden, beschrieben. Die Gewichtung erfolgt mit 50 % der Gesamtwertung für alle fachlichen Anforderungen zusammen. Unterteilt werden diese nach Anwendungssoftware und weiter nach einzelnen Funktionen, die entsprechend dem Anspruch gewichtet werden.

3.1.1 Textverarbeitung: Geschäftsbrief

Ein klassischer Anwendungsfall für ein Textverarbeitungsprogramm ist die Erstellung eines Geschäftsbriefes. Die Komplexität ist sehr gering, da hier nur Seitenränder, Schriftbild und Absatzformatierungen eingestellt werden. Das Ergebnis soll ein Ausdruck werden, der die Bildschirmdarstellung detailgetreu wiedergibt.

3.1.2 Textverarbeitung: Wissenschaftlicher Text

Die Formatierung eines wissenschaftlichen Textes erfordert einen größeren Leistungsumfang der Anwendungssoftware zur Textverarbeitung. Neben einem sauberen Schriftbild mit Seitenrändern, Absatzformatierungen, Rechtschreibprüfung und Silbentrennung gehören auch Seitennummerierungen, Grafiken, Tabellen, mathematischen Formeln, Fußnoten, Quellenverzeichnisse und Formatvorlagen dazu. Auch ein korrekter Ausdruck und Export in andere Dateiformate sind wichtige Kriterien. Der wissenschaftliche Text ist hier stellvertretend für sämtliche Fließtexte größeren Umfangs, wie zum Beispiel Bedienungsanleitungen, Exzerpte oder Romane.

3.1.3 Tabellenkalkulation: Notenspiegel

Die Erstellung eines Notenspiegels ist eine einfache Anforderung an eine Tabellenkalkulation. Die Daten über die Notenverteilung werden tabellarisch erfasst und zusätzlich als Säulendiagramm grafisch dargestellt. Beides erfolgt auf einer Seite mit Rahmen und farblicher Gestaltung sowie Formel zur Summenbildung. Der darzustellende Sachverhalt ist eine typische visuelle Auswertung einer kleinen Datenreihe, wie es zum Beispiel eine Einkommensverteilung oder Verbrauchsentwicklung ist.

3.1.4 Tabellenkalkulation: Kontoauszug

Zur Simulation der Bearbeitung umfangreicher Datensätze werden an dem Beispiel einer CSV-Datei, die nur Daten ohne Formatierung enthält, Bewegungsdaten eines Bankkontos in ein Tabellenblatt importiert. Der codierte Buchungsschlüssel wird über eine Funktion mit dem Klartext, der in einem weiteren Tabellenblatt dokumentiert ist, übersetzt. Eine Bedingungsfunktion markiert Beträge von mehr als +300 und -200 Euro und als Balkendiagramm im separaten Arbeitsblatt wird die Häufigkeitsverteilung des Ergebnisses dargestellt. Die angezeigten Datensätze sollen dann über einen Filter in den Spaltenüberschriften nach Buchungsschlüssel und dem Ergebnis der Bedingungsfunktion reduziert werden können. Zur weiteren visuellen Unterstützung werden die erste Spalte und die Spaltenüberschriften fixiert. Für den Papierausdruck werden Wiederholungszeilen festgelegt, sowie die Kopf- und Fußzeile sinnvoll beschriftet.
Derart umfangreiche Datensätze können zum Beispiel aus Auftragsdaten, Kassenbucheinträgen, Protokollaufzeichnungen oder Adresskarteien bestehen, die ausgewertet und bearbeitet werden sollen.

3.1.5 Bildschirmpräsentation: Meetingagenda

Für ein Meeting wird eine kurze Agenda in Form einer Bildschirmpräsentation erstellt. Die Anforderungen sind gering und es werden nur sechs Folien benötigt. Beginnend mit einer Titelseite inklusive Bild, danach die Auflistung der drei Tagesordnungspunkte, die auf den folgenden drei Seiten beschrieben werden, enthalten ist auch ein Diagramm. Ein letztes Blatt bildet den Abschluss und ein Ausdruck zum Verteilen an die Teilnehmer wird ebenso benötigt.
Der Anspruch ist gering, da keine Effekte wie Animationen, Überblendungen, Videos oder Ton erwartet werden.

3.1.6 Bildschirmpräsentation: Werbepräsentation

Die Gestaltung einer Werbepräsentation für ein Produkt, ein Unternehmen oder eine Person erfordert aufwendige Gestaltung mit Farben und Effekten, die die Aufmerksamkeit des Betrachters wecken. Dazu gehört die Einbindung von Bildern und Grafiken, sowie optisch anspruchsvoll designte Titel und Diagramme. Der Wechsel zwischen den Folien muss mit raffinierten Übergängen erfolgen und

ebenso die Aufblendungen einzelner Elemente des Folieninhaltes. Um wichtige Objekte hervorzuheben sind diese noch mit Animationen zu versehen, so dass eine Bewegung auf dem statischen Bildschirm zum Blickfang wird.
Für den Präsentator wird ein Script benötigt, das ihm vertiefende Informationen für den Vortrag gibt, die für die Zuschauer aber nicht auf den Folien sichtbar sind. Ein Handout zur Präsentation muss, zusätzlich zum Export als PDF-Dokument, auch ausdruckbar sein.

3.2 Benutzerfreundlichkeit

Neben den beschriebenen Anwendungsfällen stellt die Benutzerfreundlichkeit mit Bedienbarkeit, Hilfefunktionen, Datensicherheit und -portabilität einen weiteren Teil des Leistungskataloges dar. Der Benutzer soll intuitiv mit den Anwendungen zurechtkommen, ohne Handbücher lesen zu müssen oder Foren zu konsultieren. Die Benutzeroberfläche muss strukturiert und komfortabel gestaltet sein. Ein flüssiges Arbeiten ohne lange Wartezeiten durch die Verarbeitung der Befehle trägt zur Nutzungsfreude des Anwenders bei. Bei Problemen soll eine Hilfefunktion schnell erreichbar sein und klare Anweisungen geben. Die erstellten Daten müssen sicher abgelegt sowie einfach transportiert und weitergegeben werden können.

3.3 Randbedingungen

Zu den Randbedingungen zählen die Systemvoraussetzungen in Form von benötigter Hardware, Betriebssystem und anderen Applikationen. Auch der Bedarf von On-/Offlinenutzung und die möglichen Endgeräte werden untersucht. Je geringer die Voraussetzungen sind und je mehr unterschiedliche Endgeräte eingesetzt werden können, umso größer fällt der angesprochene Nutzerkreis aus und steigert die universelle Einsetzbarkeit.
Des weiteren wird der Service, Support und Preis des Anwendungspaketes beurteilt. Die Kriterien sind die Unterstützung vom Hersteller bei Problemen und Fragen zu den Programmen, sowie Verfügbarkeit von Foren, in denen die häufigsten Fragen und Probleme nachgelesen werden können.

4 Nutzwertanalyse

Der in Kapitel 3 erstellte und gewichtete Leistungskatalog wurde im Softwaretest nach folgendem Punkteschema (Tabelle 1) bewertet:

Beurteilung		Punkte
vorhanden	sehr gut	4
	gut	3
	befriedigend / ausreichend	2
	mangelhaft	1
fehlend	ungenügend / nicht erfüllt	0

Tabelle 1: Punkteschema der Nutzwertanalyse[14]

Das Ergebnis ist im Anhang B tabellarisch dargestellt und wird in diesem Kapitel näher erläutert, dabei werden bei den fachlichen Anforderungen auch Teilergebnisse der einzelnen Anwendungen untersucht.

4.1 Benutzerfreundlichkeit

Zur Benutzerfreundlichkeit ist vorab zu erläutern, dass die Punkte zur Bedienung (2.1) und Gestaltung (2.2) jeweils zusammen mit den fachlichen Anforderungen beurteilt werden, da dort die Resultate der Anwendungsfälle einzeln besprochen werden. Die Hilfefunktion (2.3) von Microsoft liefert sehr gute Ergebnisse, jedoch sind die Erklärungen zu ausführlich beschrieben, so dass eine Recherche länger dauert. Dafür gibt es drei Punkte. Bei Google hingegen erscheinen vermeintliche Suchtreffer, die jedoch nicht auf die jeweilige Anwendung bezogen sind. Zum Beispiel werden in Google Dokumente beim Begriff „Formel" Ergebnisse für Google Tabellen gezeigt, ohne dass dies erkennbar ist, wie Abbildung 2 zeigt. Daher hier ebenfalls nur drei Punkte:

Abbildung 2: Google Dokumente Hilfe zum Wort „Formel"[15]

Bei der Portabilität der Daten kann Microsoft voll Punkten. Die Dateien können auf einem lokalen Datenträger oder Server gespeichert werden. Eine Speicherung im Internet ist über ein Benutzerkonto bei Microsoft möglich. Durch die loka-

[14] Eigene Darstellung.

[15] Eigene Darstellung aus Bildschirmausdruck.

le Speicherung auf einem Wechseldatenträger kann der Zugriff für Unbefugte besser kontrolliert werden.

Ganz anders verfährt Google. Die Daten werden standardmäßig im Cloudspeicher Google Drive abgelegt, welches dem Benutzerkonto bei Google zugeordnet ist. Von dort kann die Datei für andere freigegeben werden, jedoch ist ein Zugriff immer nur bei bestehender Internetverbindung möglich. Nutzer des Internetbrowsers Google Chrome haben noch die Möglichkeit die Daten offline abzulegen. Manuell lassen sich die Google Dateien nur als Konvertierung in ein fremdes Format lokal speichern. Bei weiterer Bearbeitung mit Google müssen diese wieder über Google Drive hochgeladen und erneut konvertiert werden. Dies kann jedoch zum Verlust von Formatierungen führen. Durch den Cloudspeicher ist der Nutzer nicht in der Lage die Daten physisch vor Zugriffen zu schützen. Der Datentransport übers Internet kann mitgelesen werden und die Datenserver von Google sind möglichen Hackerangriffen ausgesetzt. Daher bekommt Google für die Portabilität der Daten (2.4) zwei Punkte und für die Datensicherheit (2.5) nur einen Punkt.

Ohne Bewertung sei noch erwähnt, dass alle sechs Anwendungen eine automatische Speicherfunktion haben, so dass bei einer häufigen Bearbeitung auf eine frühere Dateiversion zurückgegriffen werden kann.

Bei Google wird wenige Sekunden nach einer Änderung bereits ein Eintrag im Überarbeitungsverlauf angelegt, der mit Datum, Uhrzeit und Benutzer genau zeigt, was an der Datei verändert wurde (Abbildung 3):

Abbildung 3: Automatischer Überarbeitungsverlauf bei Google[16]

Diese Funktion lässt sich nicht deaktivieren, so dass kontinuierlich Protokoll geführt wird. Dadurch ist es nicht mehr notwendig, dass der Nutzer vor dem Beenden die Datei manuell speichern muss. Auch bei Systemabstürzen ist eine sehr aktuelle Datensicherung vorhanden. Problematisch kann es werden, wenn die

[16] Eigene Darstellung aus Bildschirmausdruck.

Datei für andere Personen freigegeben wird, denn diese können den bisherigen Bearbeitungsverlauf sekunden- und inhaltsgenau nachvollziehen.
Bei Microsoft hingegen ist diese Funktion geteilt in einer automatischen Speicherung, die manuell gesteuert in Minutenintervallen und mit vorgegebenem Ablageort erfolgt. Die Option zur Nachverfolgung von Änderungen wird nur in der Textverarbeitung und Tabellenkalkulation angeboten. Während Word eine sehr umfangreiche Protokolldatenbank aufbaut, ist Excel sehr minimalistisch und dokumentiert nur Änderungen von Zellinhalten. Auch die Bearbeitung von Grafikelementen oder Diagrammen ist in diesem Modus blockiert. Im Gegensatz zu Google Dokumente kann bei Word der komplette Änderungsverlauf gleichzeitig im Dokument farblich mit altem Text, neuem Text und Formatierungsänderung angezeigt werden.

4.2 Fachliche Anforderungen

Grundsätzlich lässt sich sagen, dass zu allen Anwendungsfällen ein Ergebnis mit den sechs Softwareprogrammen erreicht wurde und somit ein Leistungsvergleich erfolgen kann.
Durch die unterschiedliche Art der Programme wurde der Gliederungspunkt Starten der Anwendungen (1.1) aus der Nutzwertanalyse für die Microsoft Produkte mit der vollen Punktzahl bewertet, da nach Start des Betriebssystems die Programme jeweils über einen Eintrag im Startmenü direkt aufgerufen werden können. Google erhält einen Punkt Abzug, da zuerst ein Internetbrowser geöffnet werden und die Anmeldung beim Google-Benutzerkonto erfolgen muss, bevor über Google Drive ein Zugriff möglich ist.
Die weiteren Ergebnisse zu den Funktionen und zur Benutzerfreundlichkeit folgen in den nächsten Kapiteln. Dafür wurde der Leistungskatalog auf die jeweils zutreffenden Gliederungspunkte reduziert und die Gewichtung proportional angepasst.

4.2.1 Textverarbeitung

Der einfach gehaltene Geschäftsbrief aus Kapitel 3.1.1 konnte sowohl mit der Textverarbeitung Microsoft Word als auch mit Google Dokumente sehr schnell und mit identischem Ergebnis erstellt werden. Beide Anwendungen konnten den einfachen Anforderungen für die Gestaltung gerecht werden und erhalten dafür jeweils die volle Punktzahl.
Bei der Benutzerfreundlichkeit zeigen sich erste Unterschiede. Dokumente ist bei den Symbolleisten und Menüs übersichtlicher und klarer strukturiert. Wo Funktionen vermutet werden, sind diese auch auffindbar. Verantwortlich dafür ist der etwas geringere Funktionsumfang, der für den Geschäftsbrief aber keine Rolle spielt. Die Komplexität von Word hat hier den entsprechenden Nachteil, dass das Menü zu viele Funktionen zur Auswahl hat.

Dennoch liegen Google und Microsoft in dem Auszug der Nutzwertanalyse fast gleich mit 3,6 bzw. 3,8 Punkten:

Auszug Nutzwertanalyse *mit proportionaler Umrechnung der Gewichtung*					Geschäftsbrief			
					Google Docs		Microsoft® Office 2010	
	Gesamt	Gewichtung absolut in %	Gewichtung absolut in %	Gewichtung relativ	Punkte	Nutzen	Punkte	Nutzen
1. Funktionale/fachliche Anforderungen	71%					2,80		2,84
1.1 Starten der Anwendungen		6%		0,043	3	0,13	4	0,17
1.2 Textverarbeitung		78%						
1.2.1 Schriftformatierung			43%	0,238	4	0,95	4	0,95
1.2.2 Absatzformatierung			29%	0,161	4	0,64	4	0,64
1.2.3 Seitenlayout			28%	0,155	4	0,62	4	0,62
1.9 Realistischer Ausdruck		16%		0,114	4	0,45	4	0,45
2. Benutzerfreundlichkeit	29%					0,81		0,99
2.1 Intuitive Bedienung		20%		0,058	4	0,23	3	0,17
2.2 Visuelle und strukturierte Gestaltung		20%		0,058	4	0,23	3	0,17
2.3 Hilfefunktion		20%		0,058	3	0,17	3	0,17
2.4 Portabilität der Daten		20%		0,058	2	0,12	4	0,23
2.5 Datensicherheit		20%		0,058	1	0,06	4	0,23
Nutzwert	**100%**			**1,000**	**3,6**		**3,8**	

Tabelle 2: Auszug Nutzwertanalyse Geschäftsbrief

Die komplexe Aufgabe zur Erstellung eines wissenschaftlichen Textes stellt für Microsoft Word keine große Herausforderung dar. Die Schrift, Absätze und das Seitenlayout lassen sich vielfältig und einfach anpassen. Die auf dem Computer installierten Schriftarten stehen zur Verfügung und bei Bedarf können neue hinzugefügt werden. Besondere Zeichensätze lassen sich im Dokument abspeichern, so dass eine richtige Darstellung auch auf anderen Endgeräten erreicht werden kann. Absätze und Seitenlayout können sehr individuell und unterschiedlich innerhalb des gesamten Dokumentes definiert werden.

Hingegen gibt es bei Google Dokumente Einschränkungen. Es ist nur ein globales Portfolio an Schriftarten verfügbar, die nicht auf dem eigenen PC verfügbar sein müssen. Dies macht eine Konvertierung zwischen verschiedenen Dateiformaten schwierig. Ebenso kann die Zeichenbreite und der Zeichenabstand nicht skaliert werden, dies ist eine wichtige Funktion für die Textgestaltung. Hingegen lässt die Absatzformatierung keine Wünsche offen. Der nächste Einbruch ist beim Seitenlayout, welches nur für das gesamte Dokument einheitlich festgelegt werden kann. Dies wirkt sich auch auf die Kopf- und Fußzeile (1.2.4) aus, die in Bezug auf Seitenränder nicht unabhängig vom Fließtext definiert werden können. Da hat Word wieder die umfangreicheren Möglichkeiten. Somit erhält Google für diese Kriterien Punktabzüge.

Eine Silbentrennung existiert bei Google gar nicht, im Gegensatz zu Word. Auch bei der Rechtschreibprüfung hat Microsoft mit 257 zu 67 Sprachen mehr Auswahl zu bieten. Zwar sind bei Google die gängigen vertreten, aber es gibt keine Differenzierung zum Beispiel zwischen Deutsch aus Deutschland, Österreich,

Schweiz, Liechtenstein oder Luxemburg. Auch die Qualität der Korrektur entspricht bei Google nicht den Erwartungen, denn die Worte „Wirtschaftsinformatik", „Leistungskatalog" und „Nutzwertanalyse" werden als Fehler gemeldet. Word geht sehr souverän damit um und erhält die volle Punktzahl und Google gar keine.
Bei den Textformatvorlagen handelt es sich um vordefinierte Formatierungen, die Zeilen und Absätzen zugewiesen werden können, wie zum Beispiel Überschriften unterschiedlicher Gliederungsordnung. Beide Hersteller bieten eine entsprechende Funktion an. Bei Word ist die Handhabung jedoch sehr aufwendig und erfordert etwas Einarbeitung, daher nur drei Punkte. Gleiche Punktzahl auch für Google Dokumente, obwohl die Schlichtheit überzeugt, aber bei der Erstellung von Gliederungen schnell Grenzen erreicht werden.
Formeln oder Gleichungen lassen sich bei beiden Anwendungen im Text einbetten (1.2.7). Google ist einfach in der Bedienung gehalten, dafür auch entsprechend limitiert in der Komplexität. So kann zum Beispiel keine Matrix erstellt werden und bei Verschachtelungen wird das Schriftbild schnell unübersichtlich. Word bietet hingegen vielfältige Möglichkeiten, jedoch muss sich der Nutzer durch Untermenüs klicken und bei längeren Formeln die Zeilenformatierung nachbessern.
Während Google nur Bilder oder Links in den Text integrieren kann, ist es bei Word zusätzlich möglich ganze Dokumente oder Dateien einzubetten. Die Zeichenobjekte oder Bilder lassen sich bei Microsoft über oder hinter den Text legen und ermöglichen eine ansprechende Layoutgestaltung. Google kann eine solche Formatierung zwar importieren und anzeigen, aber nicht selbst erstellen. Zeichnungen bzw. Bilder können nur in die Textzeile integriert oder vom Text umflossen werden. Dies führt zu Punktabzug bei Google.
Mit Fußnoten kommen beide Anwendungen gleichermaßen zurecht und erhalten auch jeweils die vollen Punkte. Geht es weiter um die Erstellung eines Quellenverzeichnisses, welches aus den Fußnoten mit Referenzen besteht, fehlt diese Funktion gänzlich bei Google und Microsoft hat eine komplizierte Handhabung programmiert, die intensiver Einarbeitung bedarf.
Ein Inhaltsverzeichnis (1.2.11) basierend auf den ausgewiesenen Überschriften wird von beiden Anwendungen angeboten und ist bei Word sehr komplex in den Einstellmöglichkeiten. Google ist einfacher gehalten und lässt eine simple Übersicht zu, jedoch gänzlich ohne Seitenangaben.
Das Einfügen von Texttabellen funktioniert bei beiden Programmen sehr gut. Google fällt jedoch einen Punkt zurück, da es keine Auswahl an fertigen Tabellendesigns gibt und die manuelle Formatierung aufwendig ist.

Bei den ladbaren Dateiformaten (1.5) bietet Word mit neun immerhin vier mehr als Google an, jedoch kann Word kein Dokument im Google-Dateiformat lesen. Umgekehrt funktioniert dies sehr wohl, aber nicht immer fehlerlos (Abbildung 4):

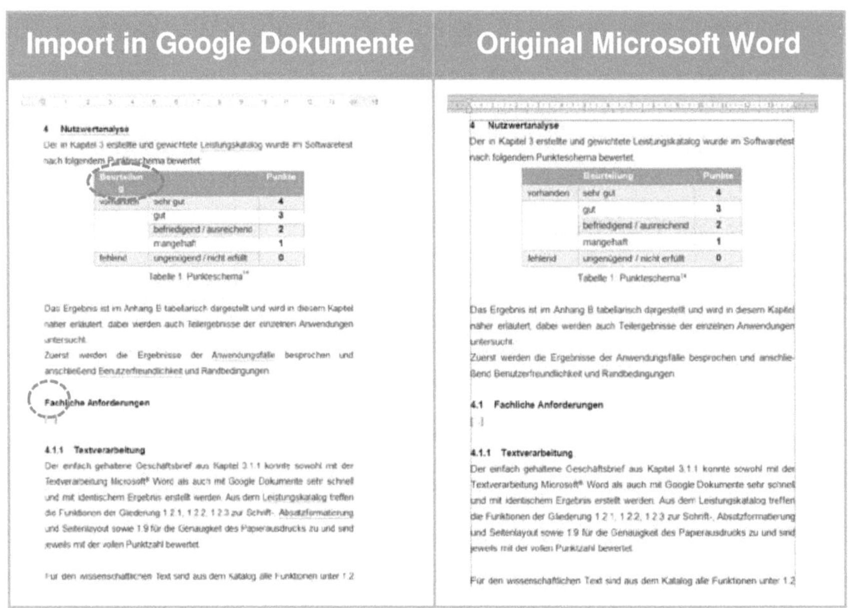

Abbildung 4: Importfehler einer Word-Datei in Google Dokumente[17]

Ebenso problematisch sind besondere Formatierungen in Word, wie verborgener Text, manuelle Seiten-/Absatzumbrüche und unterschiedliche Seitenlayouts, die Google nicht richtig konvertiert.

Ein ähnliches Problem zeigt sich bei den speicherbaren Dateiformaten (1.6). Word kann keine Datei im Google-Format speichern, hat aber dennoch mit elf Formaten vier mehr als der Konkurrent. Ein heutzutage wichtiges Format ist PDF, welches von beiden Anwendungen unterstützt wird. Google produzierte hierbei bei bestimmten Sonderzeichen Fehler, wie Abbildung 5 zeigt:

Original Google Dokumente	Export nach PDF
Sonderzeichen Pfeil rechts: → Sonderzeichen Köpfe: 💀😱😱	Sonderzeichen Pfeil rechts: → Sonderzeichen Köpfe: ☐☐☐

Abbildung 5: Fehler beim Export von Google nach PDF[18]

Urheberinformationen (1.7) kann Google nicht abspeichern. Durch die Verwendung des Google Cloudspeichers wird zwar der Eigentümer angezeigt, aber bei Konvertierung in ein anderes Dateiformat verschwindet diese Kennzeichnung. Microsoft unterstützt hier zumindest die Angabe eines Autors, Titel, Kommentar und einer Markierung.

Ein entsprechender Schutz der Daten über Passwort oder Schreibsperre ist mit Word vielfältig möglich. Bei Google ist die Vorgehensweise durch den Cloudspeicher anders. Ein Dokument kann mit unterschiedlichen Berechtigungen für ande-

[17] Eigene Darstellung aus Bildschirmausdruck.
[18] Eigene Darstellung aus Bildschirmausdruck.

re Nutzer manuell freigegeben werden. Wird die Datei aber lokal heruntergeladen, liegt kein Passwort- oder Schreibschutz vor.
Der Ausdruck auf Papier entspricht bei Word exakt dem, was auf dem Bildschirm zu sehen ist. Google druckt nicht direkt, sondern erstellt zuerst ein PDF Dokument, welches dann gedruckt werden muss. Hier führt sich der Fehler aus Abbildung 5 fort, ansonsten entspricht der Ausdruck ebenfalls der Anzeige.
Bei der Benutzerfreundlichkeit liegt Google Dokumente knapp vor Word, da die Anwendung noch nicht mit Funktionen überfrachtet ist, wie das Microsoft Produkt. Die Menüleiste bei Google ist sehr aufgeräumt und mit wenigen Icons bestückt (Abbildung 6):

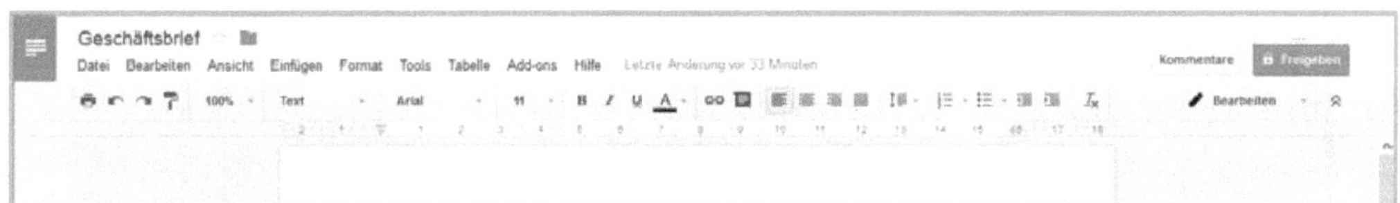

Abbildung 6: Google Dokumente Menüleiste für Textverarbeitung[19]

Word hat hingegen eine üppige und bunte Auswahl an Icons, die sich bei entsprechender Menüauswahl anpassen (Abbildung 7):

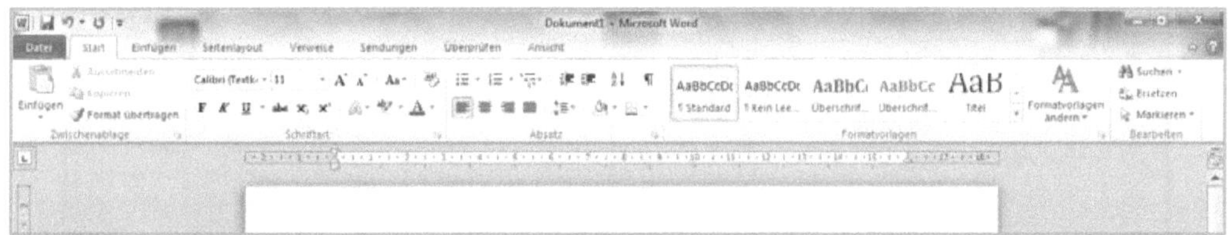

Abbildung 7: Microsoft Word Menüleiste für Textverarbeitung[20]

Auch das Kontextmenü, erreichbar über die rechte Maustaste, bietet bei Word ein Überangebot an Funktionen (Abbildung 8):

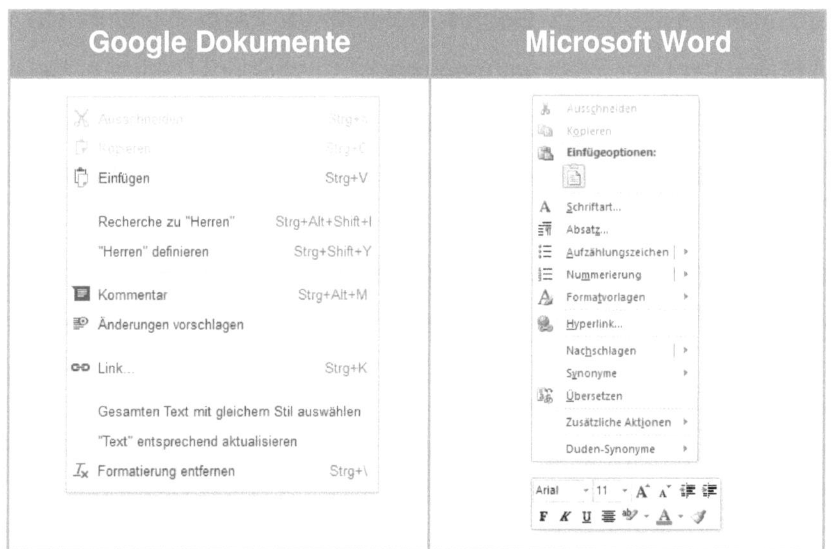

Abbildung 8: Kontextmenü Google Dokumente und Microsoft Word[21]

---

[19] Eigene Darstellung aus Bildschirmausdruck.
[20] Eigene Darstellung aus Bildschirmausdruck.
[21] Eigene Darstellung aus Bildschirmausdruck.

In dem Auszug der Nutzwertanalyse kann Microsoft seine Position mit 2,5 Punkten erneut bestärken. Die Textverarbeitung von Google liegt über einen Punkt zurück, was dem Fehlen einiger Funktionen geschuldet ist:

Auszug Nutzwertanalyse *mit proportionaler Umrechnung der Gewichtung*					Wissenschaftlicher Text			
					Google Docs		Microsoft® Office 2010	
	Gesamt	Gewichtung absolut in %	Gewichtung absolut in %	Gewichtung relativ	Punkte	Nutzen	Punkte	Nutzen
1. Funktionale/fachliche Anforderungen	71%					**1,56**		**2,61**
1.1 Starten der Anwendungen		4%		0,028	3	0,09	4	0,11
1.2 Textverarbeitung		50%						
1.2.1 Schriftformatierung			12%	0,043	1	0,04	4	0,17
1.2.2 Absatzformatierung			8%	0,028	4	0,11	4	0,11
1.2.3 Seitenlayout			8%	0,028	3	0,09	4	0,11
1.2.4 Kopf- und Fußzeile			8%	0,028	2	0,06	4	0,11
1.2.5 Rechtschreibprüfung und Silbentrennung			12%	0,043	0	0,00	4	0,17
1.2.6 Textformatvorlagen			7%	0,025	3	0,07	3	0,07
1.2.7 Formeln			7%	0,025	2	0,05	3	0,07
1.2.8 Integration von Bildern und Objekten			12%	0,043	2	0,09	4	0,17
1.2.9 Fußnoten			6%	0,021	4	0,09	4	0,09
1.2.10 Quellenverzeichnis			6%	0,021	0	0,00	2	0,04
1.2.11 Inhaltsverzeichnis			6%	0,021	2	0,04	4	0,09
1.2.12 Tabellen			8%	0,028	3	0,09	4	0,11
1.5 Ladbare Dateiformate		10%		0,071	2	0,14	3	0,21
1.6 Speicherbare Dateiformate		10%		0,071	2	0,14	3	0,21
1.7 Urheberinformationen		6%		0,043	1	0,04	4	0,17
1.8 Datenschutz		10%		0,071	3	0,21	4	0,28
1.9 Realistischer Ausdruck		10%		0,071	3	0,21	4	0,28
2. Benutzerfreundlichkeit	29%					**0,75**		**0,93**
2.1 Intuitive Bedienung		20%		0,058	3	0,17	2	0,12
2.2 Visuelle und strukturierte Gestaltung		20%		0,058	4	0,23	3	0,17
2.3 Hilfefunktion		20%		0,058	3	0,17	3	0,17
2.4 Portabilität der Daten		20%		0,058	2	0,12	4	0,23
2.5 Datensicherheit		20%		0,058	1	0,06	4	0,23
Nutzwert	**100%**			**1,000**	**2,3**		**3,5**	

Tabelle 3: Auszug Nutzwertanalyse wissenschaftlicher Text

Weiter anzumerken ist, dass Google Dokumente keine Serienbriefe erstellen kann und Makros auf der Programmiersprache JavaScript basieren. Bei Microsoft muss sich der Nutzer in die Funktionsweise von Serienbriefen erst einarbeiten, um den Komfort genießen zu können. Makros werden in Visual Basic programmiert.

Die Funktionalitäten in Word lassen sich durch das Einbinden von anderen Anwendungen, sogenannter Add-ins, erweitern. Das Pendant bei Google nennt sich Add-ons. Beides stellt jedoch nicht den Standardleistungsumfang dar und wurde daher nicht berücksichtigt.

4.2.2 Tabellenkalkulation

Wie auch schon bei der Textverarbeitung, so können auch die beiden Anwendungen zur Tabellenkalkulation Microsoft Excel und Google Tabellen den einfachen Anwendungsfall sehr gut lösen. Die visuelle Gestaltung des Notenspiegels und die Generierung des Diagramms konnte sehr schnell und einfach vollzogen werden. Für die Wertung sind das jeweils vier Punkte für beide Programme.

Punktabzug gibt es für den Papierausdruck aus beiden Anwendungen. Bei Google werden vorher keine Seitengröße und Begrenzungen festgelegt. Dies erfolgt erst beim Aufruf des Druckmenüs (Abbildung 9).

Abbildung 9: Google Tabellen Menü für Drucken[22]

In diesem Menü kann dann der Druckbereich, das Papierformat und das Layout mit tatsächlicher Größe oder Einpassen auf Seitenbreite gewählt werden. Eine Druckvorschau gibt es nur in der Form, dass ein PDF-Dokument nach der Bestätigung mit Drucken erzeugt wird. Eine Einrichtung für ein gut lesbares und optisch ansprechendes Druckergebnis wird dadurch erschwert.

Bei Excel kommt es zwischen Bildschirmanzeige und Druckvorschau bzw. Papierausdruck zu Diskrepanzen mit Texten und Zahlen. Eine vermeintlich passende Spaltenbreite wird auf dem Papier dann doch größer, weil die Schriftart in der Zeichenbreite auf dem Bildschirm teilweise breiter dargestellt wird. Hier leistet die Druckvorschau gute Dienste und lässt eine schnelle Korrektur zu.

Das Menü von Google Tabellen wirkt zwar aufgeräumter als beim Mitbewerber, erfordert aber durch den Funktionsumfang eine Eingewöhnungszeit, wie auch bei Excel. Daher gibt es für die intuitive Bedienung (2.1) jeweils nur drei Punkte.

Das Ergebnis für den Fall Notenspiegel fällt für Excel mit 3,7 besser aus als Google Tabellen mit nur 3,3 Punkten. Hauptsächlich liegt dies an der mangelnden Datensicherheit und Portabilität der Daten:

---

[22] Eigene Darstellung aus Bildschirmausdruck.

Auszug Nutzwertanalyse *mit proportionaler Umrechnung der Gewichtung*					**Notenspiegel**			
					Google Docs		Microsoft® Office 2010	
	Gesamt	*Gewichtung absolut in %*	*Gewichtung absolut in %*	*Gewichtung relativ*	*Punkte*	*Nutzen*	*Punkte*	*Nutzen*
1. Funktionale/fachliche Anforderungen	71%					**2,57**		**2,73**
1.1 Starten der Anwendungen		6%		0,043	3	0,13	4	0,17
1.3 Tabellenkalkulation		78%						
1.3.1 Formeln			38%	0,210	4	0,84	4	0,84
1.3.3 Diagramme			24%	0,133	4	0,53	4	0,53
1.3.4 Farben, Rahmen, Schattierung usw.			38%	0,210	4	0,84	4	0,84
1.9 Realistischer Ausdruck		16%		0,114	2	0,23	3	0,34
2. Benutzerfreundlichkeit	29%					**0,75**		**0,99**
2.1 Intuitive Bedienung		20%		0,058	3	0,17	3	0,17
2.2 Visuelle und strukturierte Gestaltung		20%		0,058	4	0,23	3	0,17
2.3 Hilfefunktion		20%		0,058	3	0,17	3	0,17
2.4 Portabilität der Daten		20%		0,058	2	0,12	4	0,23
2.5 Datensicherheit		20%		0,058	1	0,06	4	0,23
Nutzwert	**100%**			**1,000**	**3,3**		**3,7**	

Tabelle 4: Auszug Nutzwertanalyse Notenspiegel

Der Import einer Textdatei mit Formatierung, Verbindung über eine Funktion mit einer anderen Tabelle und Auswertung der Daten, wie in Kapitel 3.1.4 beschrieben, stellen hohe Anforderungen an eine Tabellenkalkulation. Sowohl Excel als auch Tabellen konnten die Aufgabe angemessen lösen, jedoch mit unterschiedlichen Ergebnissen und Qualität.

Beide Anwendungen können gut mit Formeln umgehen und bieten ein großes Repertoire an Funktionen (1.3.2), die auch verschachtelt angewendet werden können. Im Fallbeispiel wurde die Funktion SVERWEIS bei Excel bzw. VLOOKUP bei Tabellen mit gleich gutem Ergebnis angewandt. Während der Einrichtung der Funktion führt Excel den Benutzer komfortabler ans Ziel, wie Abbildung 10 zeigt:

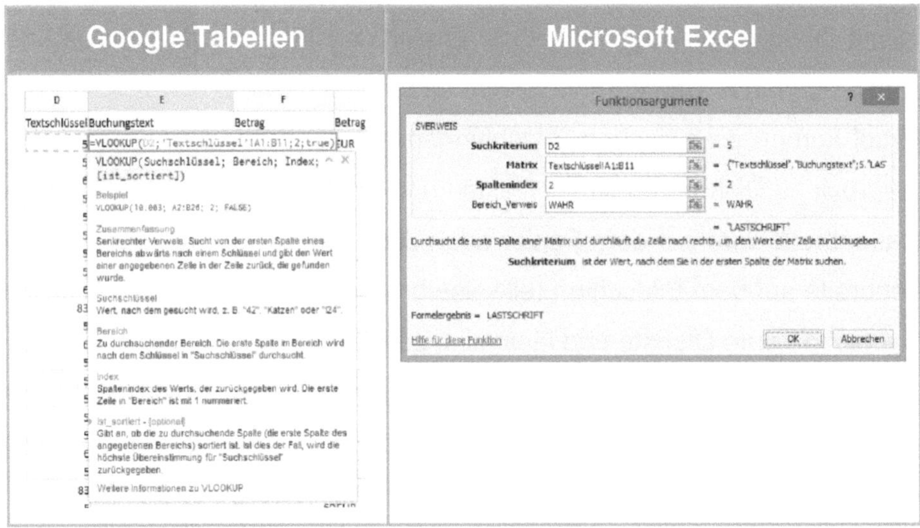

Abbildung 10: Vergleich Tabellenkalkulation Funktion einfügen[23]

Da Microsoft etwa 400 Funktionen anbietet und der Mitbewerber nur knapp 350[24], erhält die Google Anwendung einen Punkt Abzug.

[23] Eigene Darstellung aus Bildschirmausdruck.
[24] https://support.google.com/docs/table/25273

Wie auch beim einfachen Fallbeispiel für Tabellenkalkulationen, sind die Bewertungspunkte für Diagramme (1.3.3) und farbliche Gestaltung (1.3.4) sehr gut bei Google Tabellen und Excel. Dies gilt auch für die Verwaltung von Arbeitsblättern und deren Formatierung.

Den ersten Rückschlag muss Google bei der Konfiguration von Kopf- und Fußzeile (1.3.6) annehmen. Während Microsoft vollständig individuelle Einstellungen ermöglicht, die in der Datei gespeichert werden, gestattet Google beim Druckvorgang nur die Auswahl zur Einblendung des Dokumententitels, des Blattnamens und der Seitennummern. Für diese unzureichende Leistung erhält Google die Benotung mangelhaft mit einem Punkt.

Wiederholungszeilen und -spalten für den Ausdruck können bei beiden Anwendungen definiert werden. Einschränkung bei Google ist, dass dies den fixierten Zeilen in der Ansicht entspricht und nicht unabhängig davon konfiguriert werden kann. Daher ein Punkt Abzug dafür. Hingegen erhalten beide Programme die volle Punktzahl für die Anwendungsmöglichkeiten der Teilung/Fixierung der Tabellenansicht (1.3.8).

Abwertung für den Import der CSV-Datei (1.3.9) mit den Datensätzen, die durch ein Semikolon getrennt sind, erhält Google Tabellen, da die automatische Erkennung der Trennzeichen eine falsche Aufteilung liefert. Das Programm vermutet ein Komma als Datentrennung. Erst die Vorgabe eines Semikolons als benutzerdefiniertes Zeichen bringt das gewünschte Ergebnis. Im Gegensatz dazu stellt Excel einen Assistenten zur Verfügung, der in drei Schritten unterschiedliche Definitionen der Rohdaten und Formatierungen der neuen Tabelle ermöglicht. Eine Vorschau zeigt das zu erwartende Ergebnis noch vor Abschluss des Vorganges, deshalb gibt es für Microsoft vier Punkte und für Google nur einen. Abbildung 11 zeigt eine Gegenüberstellung des Menüs:

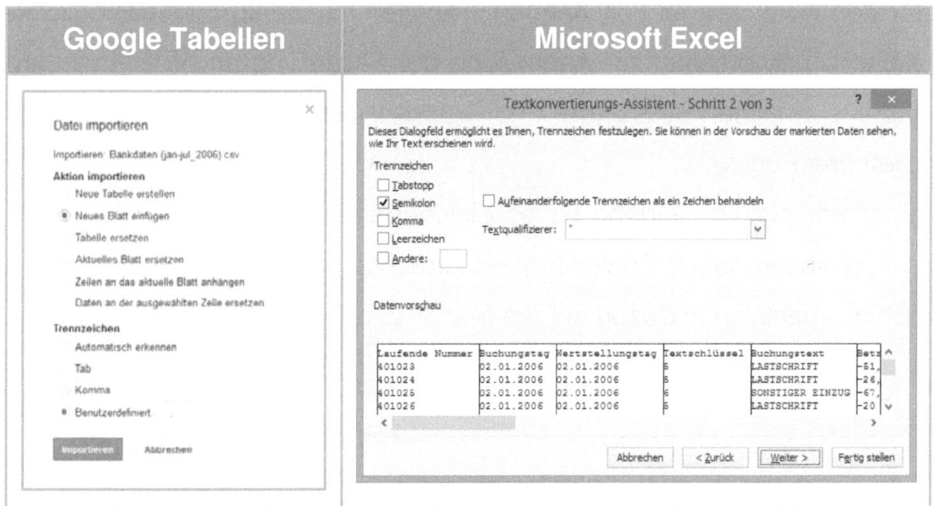

Abbildung 11: Vergleich Tabellenkalkulation Import CSV-Datei[25]

[25] Eigene Darstellung aus Bildschirmausdruck.

Die Funktion zur Einrichtung eines Filters auf die Datensätze funktionierte bei beiden Programmen sehr gut und lässt sich auch einfach bedienen. Bei den Filterkriterien und Einstellungen bietet Excel jedoch mehr Möglichkeiten und erhält dafür einen Punkt mehr als Tabellen (Abbildung 12).

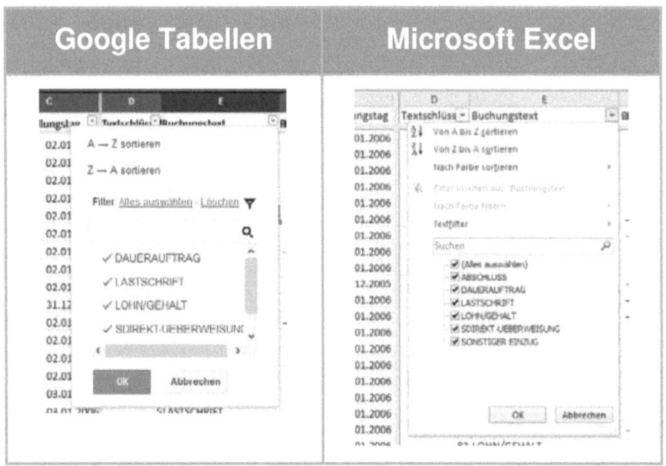

Abbildung 12: Vergleich Tabellenkalkulation Filter-Funktion[26]

Die erkannten Dateiformate zum Öffnen sind bei Google auf sieben limitiert, Excel bietet zwölf und erhält dafür einen Punkt mehr in der Bewertung. Bei den speicherbaren Formaten liegen beide gleich auf und erhalten die volle Punktzahl. Wie auch schon in der Textverarbeitung unterstützt Google keine Urheberinformationen, die in die Datei geschrieben werden. Auch beim Datenschutz sind die Möglichkeiten gering. Zwar lassen sich Tabellenblätter vor Änderungen schützen, aber ein genereller Passwortschutz zum Einsehen der Daten existiert nicht. Dies geht nur über die Zugriffssteuerung auf den Cloudspeicher, wo die Daten abgelegt sind. Microsoft bietet dem entgegen vielfältige Variationen des Datenschutzes an und bekommt die vollen Punkte dafür.

Für den realistischen Ausdruck (1.9) gelten die gleichen Mängel wie schon beim Fall für den Notenspiegel beschrieben. Tabellen hat wenig Einstellmöglichkeiten und keine Druckvorschau zur Anpassung der Skalierung und Excel verzerrt die Schriftbreite zwischen Bildschirm- und Druckansicht. Daher für Google zwei und Microsoft drei Punkte.

Bei einer komplexen Aufgabe ist es gleichermaßen anspruchsvoll sich in den vielen Funktionen beider Anwendungen zurechtzufinden. Google ist etwas übersichtlicher organisiert in Bezug auf die Menüleiste (Abbildung 13 und 14):

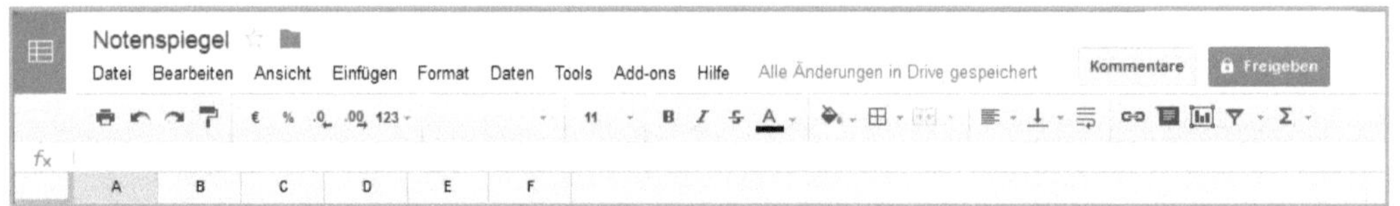

Abbildung 13: Google Tabellen Menüleiste für Tabellenkalkulation[27]

[26] Eigene Darstellung aus Bildschirmausdruck.
[27] Eigene Darstellung aus Bildschirmausdruck.

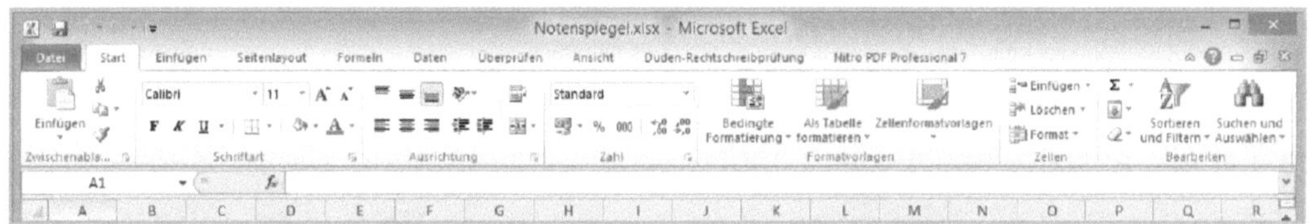

Abbildung 14: Microsoft Excel Menüleiste für Tabellenkalkulation[28]

In der Zwischenwertung erhält Microsoft Excel 3,8 Punkte und liegt damit einen ganzen Punkt vor Google Tabellen mit nur 2,8 Punkten:

Auszug Nutzwertanalyse *mit proportionaler Umrechnung der Gewichtung*					Kontoauszug			
					Google Docs		Microsoft® Office 2010	
	Gesamt	Gewichtung absolut in %	Gewichtung absolut in %	Gewichtung relativ	Punkte	Nutzen	Punkte	Nutzen
1. Funktionale/fachliche Anforderungen	71%					2,09		2,77
1.1 Starten der Anwendungen		4%		0,028	3	0,09	4	0,11
1.3 Tabellenkalkulation		50%						
1.3.1 Formeln			12%	0,043	4	0,17	4	0,17
1.3.2 komplexe Funktionen			16%	0,057	3	0,17	4	0,23
1.3.3 Diagramme			8%	0,028	4	0,11	4	0,11
1.3.4 Farben, Rahmen, Schattierung usw.			12%	0,043	4	0,17	4	0,17
1.3.5 Verwaltung von Arbeitsblättern			12%	0,043	4	0,17	4	0,17
1.3.6 Kopf- und Fußzeile			8%	0,028	1	0,03	4	0,11
1.3.7 Wiederholungsspalten/-zeilen			8%	0,028	3	0,09	4	0,11
1.3.8 Ansicht teilen/fixieren			8%	0,028	4	0,11	4	0,11
1.3.9 Import Daten-Dateien			12%	0,043	1	0,04	4	0,17
1.3.10 Filter-Funktion			4%	0,014	3	0,04	4	0,06
1.5 Ladbare Dateiformate		10%		0,071	3	0,21	4	0,28
1.6 Speicherbare Dateiformate		10%		0,071	4	0,28	4	0,28
1.7 Urheberinformationen		6%		0,043	1	0,04	4	0,17
1.8 Datenschutz		10%		0,071	3	0,21	4	0,28
1.9 Realistischer Ausdruck		10%		0,071	2	0,14	3	0,21
2. Benutzerfreundlichkeit	29%					0,75		0,99
2.1 Intuitive Bedienung		20%		0,058	3	0,17	3	0,17
2.2 Visuelle und strukturierte Gestaltung		20%		0,058	4	0,23	3	0,17
2.3 Hilfefunktion		20%		0,058	3	0,17	3	0,17
2.4 Portabilität der Daten		20%		0,058	2	0,12	4	0,23
2.5 Datensicherheit		20%		0,058	1	0,06	4	0,23
Nutzwert	**100%**			**1,000**	**2,8**		**3,8**	

Tabelle 5: Auszug Nutzwertanalyse Kontoauszug

Anwender, die mit Excel zurechtkommen, werden es auch mit Google Tabellen einfacher haben, denn die Funktionen und Bezeichnungen sind sehr ähnlich. Was bei Google fehlt, kann durch die Installation von Add-ons nachgeholt werden. Jedoch sind dies sehr spezifische Anwendungen, wie zum Beispiel die Prüfung auf doppelte Dateneinträge in einer Tabelle. Diese Funktion ist bei Excel standardmäßig verfügbar.

Makros können auch bei beiden Tabellenkalkulationen erstellt werden. Bei Excel in Visual Basic und Google verwendet JavaScript.

Beim Transfer der erstellten Dateien zwischen beiden Programmen gab es erfreulicherweise keine Probleme bei den Formeln und Formatierungen. Diese wurden vom jeweiligen Programm in das richtige Format übersetzt.

[28] Eigene Darstellung aus Bildschirmausdruck.

4.2.3 Bildschirmpräsentation

Die Erstellung einer kurzen sechsseitigen Meetingagenda ist keine große Aufgabe für ein ausgereiftes Bildschirmpräsentationsprogramm. Die in Kapitel 3.1.5 umrissenen Gestaltungsvorgaben konnten mit PowerPoint erfolgreich bewerkstelligt werden. Für alle fachlichen Kriterien (1.4) gab es die volle Punktzahl. Google Präsentationen schneidet bei der Navigation im Präsentationsmodus, dem einheitlichen Folienlayout, Einfügen von Bildern und Papierausdruck auch sehr gut ab. Jedoch überzeugt die Schrift- und Textformatierung (1.4.3) nicht, da Tabulatoren nicht sauber gesetzt und, wie schon bei der Textverarbeitung von Google beschrieben, die auf dem eigenen PC installierten Schriftarten nicht angewandt werden können. Für das Einfügen eines Diagramms (1.4.5) versagt Präsentationen völlig, denn hier steht keine Funktion zur Verfügung. Alternativ könnte ein Diagramm als Grafik abgespeichert und in die Folie eingefügt werden. Darunter leidet jedoch die Dynamik bei kurzfristig notwendigen Anpassungen. Hingegen ist die Lösung bei Microsoft komfortabler, denn für ein Diagramm wird eine Verknüpfung zu Excel aufgebaut, um die Rohdaten zu verwalten. Das Diagramm kann dann direkt in PowerPoint vielfältig im Design verändert werden.

Die minimalistische Menüleiste von Google Präsentationen trägt zur Benutzerfreundlichkeit bei, auch Microsoft hat bei seinem Produkt ein hohes Maß an Übersichtlichkeit. Die Bedienung ist gleichermaßen einfach. Dies könnte dem Umstand geschuldet sein, dass es bei Bildschirmpräsentationen um kreative Gestaltung geht und weniger um komplexe Formeln oder Formatierungen. Nachfolgend die Menüleisten der beiden Programme (Abbildung 15 und 16):

Abbildung 15: Google Präsentationen Menüleiste für Bildschirmpräsentation[29]

Abbildung 16: Microsoft PowerPoint Menüleiste für Bildschirmpräsentation[30]

Google Präsentationen liegt im Ergebnis für die Erstellung einer Meetingagenda mit 3,1 Punkten etwas abgeschlagen hinter PowerPoint mit 3,9 Punkten. Neben der Unfähigkeit zur Integration von Diagrammen bei Google, liegt dies auch an der schlechten Sicherheit und Portabilität der Daten:

[29] Eigene Darstellung aus Bildschirmausdruck.
[30] Eigene Darstellung aus Bildschirmausdruck.

Auszug Nutzwertanalyse *mit proportionaler Umrechnung der Gewichtung*					Meetingagenda			
					Google Docs		Microsoft® Office 2010	
	Gesamt	Gewichtung absolut in %	Gewichtung absolut in %	Gewichtung relativ	Punkte	Nutzen	Punkte	Nutzen
1. Funktionale/fachliche Anforderungen	71%					2,24		2,84
1.1 Starten der Anwendungen		6%		0,043	3	0,13	4	0,17
1.4 Präsentation		78%						
1.4.1 Navigation im Präsentationsmodus			15%	0,083	4	0,33	4	0,33
1.4.2 Einheitliches Folienlayout			20%	0,111	4	0,44	4	0,44
1.4.3 Schrift- und Textformatierung			20%	0,111	3	0,33	4	0,44
1.4.4 Bilder			25%	0,138	4	0,55	4	0,55
1.4.5 Diagramme			20%	0,111	0	0,00	4	0,44
1.9 Realistischer Ausdruck		16%		0,114	4	0,45	4	0,45
2. Benutzerfreundlichkeit	29%					0,81		1,10
2.1 Intuitive Bedienung		20%		0,058	4	0,23	4	0,23
2.2 Visuelle und strukturierte Gestaltung		20%		0,058	4	0,23	4	0,23
2.3 Hilfefunktion		20%		0,058	3	0,17	3	0,17
2.4 Portabilität der Daten		20%		0,058	2	0,12	4	0,23
2.5 Datensicherheit		20%		0,058	1	0,06	4	0,23
Nutzwert	**100%**			**1,000**	**3,1**		**3,9**	

Tabelle 6: Auszug Nutzwertanalyse Meetingagenda

Auch bei der aufwendigeren Werbepräsentation schaffte das Produkt von Microsoft mit sehr guten Leistungen zu überzeugen. Neben den bereits bei der vorherigen Aufgabe erwähnten Kriterien, konnten verschiedene Standardformen wie gebogene Pfeile oder Sprechblasen beliebig positioniert und gestaltet werden. Links zu anderen Dokumenten und Websites (1.4.7) sind als Text oder mit Grafiken verknüpfbar. Über die WordArt-Funktion (1.4.8) können Texte optisch durch Schatten, 3D-Effekte, Spiegelungen usw. aufgewertet werden.

Google Präsentationen hat, wie auch schon bei der Meetingagenda, hier die Schwachstelle, dass keine Diagramme unterstützt werden. Für Zeichenelemente und Formen steht die Anwendung dem Konkurrenten in nichts nach. Es werden auch verschiedene Möglichkeiten für Verknüpfungen (1.4.7) angeboten, jedoch ist die Zuweisung umständlich. Dateien, die im Cloudspeicher abgelegt sind, müssen über eine Suchmaske gefunden werden, bevor ein Verweis erstellt werden kann. Die Texteffekte (1.4.8) von Google sind sehr begrenzt. Es kann nur die Farbe des Textes und der Textumrandung sowie die Linienstärke und -art beeinflusst werden. Daher gibt es für Google hier nur zwei Punkte.

Als Überblendeffekte (1.4.9) zwischen den Folien der Präsentation stellt Google sieben zur Auswahl, bei PowerPoint sind es 34. Noch stärker ist der Unterschied bei den Animationen (1.4.10), die das Erscheinen, Verlassen oder Hervorheben von Texten und Objekten steuert. Präsentationen bietet jeweils fünf Varianten zum Ein- und Ausblenden an und keine Hervorhebungen. Hingegen hat PowerPoint jeweils 38 Effekte zur Anzeige und weitere 24 zur Animation. Dazu können sich Objekte und Texte noch auf über 60 verschiedenen vordefinierten Laufbahnen automatisch über den Bildschirm bewegen. Da bleiben bei Microsoft keine Wünsche offen und dafür gibt es die volle Punktzahl. Google bekommt nur zwei bzw. einen Punkt.

Bei der Erstellung und Verwaltung von Notizen (1.4.11) zu den einzelnen Folien der Präsentation leisten beide Anwendungen sehr gute Dienste. Die Texte können in Schriftart, Farbe, Größe und vielem mehr gestaltet werden. Für die Erstellung von Kopf- und Fußzeilen gibt es für Google keine Punkte, da diese Funktion nicht verfügbar ist. Es ist auch nicht möglich Seitenzahlen auf den Folien auszugeben. PowerPoint bietet hier nur geringfügig mehr Leistung und erhält einen Punkt.

Bei den Dateiformaten, die geöffnet werden können, hat PowerPoint mit vier doppelt so viele wie Google, jedoch haben beide Programme Schwierigkeiten mit dem ODP-Format von OpenOffice. Somit ein Punkt für Google und zwei für Microsoft.

Beim Speichern ist die Verteilung der Punkte drei zu vier, da hier PowerPoint mehr Formate anbietet. Positiv bei beiden ist die Möglichkeit, die gesamte Präsentation automatisch nach Folien getrennt in Bilddateien abzuspeichern.

Wie auch bei der Textverarbeitung und Tabellenkalkulation ist es auch bei der Anwendung für Bildschirmpräsentation bei Google nicht möglich Urheberinformationen in die Dateiinformationen zu schreiben. Ebenso die Dateiablage im Cloudspeicher Google Drive birgt Risiken für die Datensicherheit.

Bezüglich der Benutzerfreundlichkeit gilt auch wieder gleiches, wie bei der Meetingagenda. Beide Programme sind übersichtlich und intuitiv zu bedienen.

Die Einzelbewertung für diese Aufgabe lässt PowerPoint mit 3,7 Punkten gegenüber Präsentationen mit 2,6 Punkten wesentlich besser dastehen:

Auszug Nutzwertanalyse *mit proportionaler Umrechnung der Gewichtung*					Werbepräsentation			
					Google Docs		Microsoft® Office 2010	
	Gesamt	Gewichtung absolut in %	Gewichtung absolut in %	Gewichtung relativ	Punkte	Nutzen	Punkte	Nutzen
1. Funktionale/fachliche Anforderungen	71%					**1,81**		**2,63**
1.1 Starten der Anwendungen		4%		0,028	3	0,09	4	0,11
1.4 Präsentation		50%						
1.4.1 Navigation im Präsentationsmodus			6%	0,021	4	0,09	4	0,09
1.4.2 Einheitliches Folienlayout			8%	0,028	4	0,11	4	0,11
1.4.3 Schrift- und Textformatierung			8%	0,028	3	0,09	4	0,11
1.4.4 Bilder			10%	0,036	4	0,14	4	0,14
1.4.5 Diagramme			8%	0,028	0	0,00	4	0,11
1.4.6 Formen/Zeichenelemente			10%	0,036	4	0,14	4	0,14
1.4.7 Integration von Verknüpfungen/Links			6%	0,021	3	0,06	4	0,09
1.4.8 Texteffekte (WordArt)			8%	0,028	2	0,06	4	0,11
1.4.9 Überblendeffekte			12%	0,043	2	0,09	4	0,17
1.4.10 Animationen			12%	0,043	1	0,04	4	0,17
1.4.11 Notizen			6%	0,021	4	0,09	4	0,09
1.4.12 Kopf- und Fußzeile			6%	0,021	0	0,00	1	0,02
1.5 Ladbare Dateiformate		10%		0,071	1	0,07	2	0,14
1.6 Speicherbare Dateiformate		10%		0,071	3	0,21	4	0,28
1.7 Urheberinformationen		6%		0,043	1	0,04	4	0,17
1.8 Datenschutz		10%		0,071	3	0,21	4	0,28
1.9 Realistischer Ausdruck		10%		0,071	4	0,28	4	0,28
2. Benutzerfreundlichkeit	29%					**0,81**		**1,10**
2.1 Intuitive Bedienung		20%		0,058	4	0,23	4	0,23
2.2 Visuelle und strukturierte Gestaltung		20%		0,058	4	0,23	4	0,23
2.3 Hilfefunktion		20%		0,058	3	0,17	3	0,17
2.4 Portabilität der Daten		20%		0,058	2	0,12	4	0,23
2.5 Datensicherheit		20%		0,058	1	0,06	4	0,23
Nutzwert	**100%**			**1,000**	**2,6**		**3,7**	

Tabelle 7: Auszug Nutzwertanalyse Werbepräsentation

4.3 Randbedingungen

Unter den Randbedingungen sind drei Elemente zusammengefasst. Die

Systemvoraussetzungen,

der Service des Herstellers und

der Preis,

die im Folgenden beurteilt werden.

4.3.1 Systemvoraussetzungen

Google hat geringe Forderungen an die Hardware (3.1.1), es ist gerade so viel notwendig, wie das Betriebssystem (3.1.2) selbst auch benötigt und Windows XP oder Mac OS 10.7 sind hier das Minimum.

Microsoft gibt detaillierte Vorgaben zur minimal verfügbaren Hardwareausstattung, dabei wurden Mac Rechner unberücksichtigt gelassen, da hier andere Office Versionen verfügbar sind. Der Windows Rechner muss einen 500-MHz-Prozessor haben, 256 MB RAM Speicher und 3 GB verfügbaren Festplattenspeicher.[31] Dies ist mehr als Windows XP, welches das älteste Betriebssystem ist unter dem Office 2010 läuft, benötigt.

Da Microsoft mehr Anforderungen an die Hardware stellt, diese aber heutzutage schon als technisch überholt gelten, wird dieses Kriterium mit drei Punkten bewertet. Google erhält volle vier Punkte. In Bezug auf das Betriebssystem liegen beide gleich auf und da Windows XP bereits seit 2001 auf dem Markt ist, dürfte kaum noch ein Rechner mit einer älteren Version betrieben werden. Daher jeweils vier Punkte in der Bewertung.

Eine Verbindung ins Internet wird für Google Docs benötigt. Die aktuellen Browser

Google Chrome,

Mozilla Firefox,

Apple Safari oder

Microsoft Internet Explorer

werden unterstützt, jedoch nur bei eingeschalteten Cookies und JavaScript.[32]
Wie in Kapitel 4.1 erwähnt, besteht auch die Möglichkeit die Google Anwendungen offline zu nutzen. Dies ist jedoch ausschließlich mit dem Browser Google Chrome möglich und entsprechenden vorherigen Einstellungen im Benutzerkonto, denn standardmäßig finden jegliche Aktivitäten mit den Anwendungen nur über eine Internetverbindung statt.

---

[31] Vgl. Microsoft Anforderungen (15.10.2014).
[32] Vgl. Google Anforderungen (15.10.2014).

Um Google Docs online oder offline nutzen zu können, ist die Registrierung eines kostenlosen Kundenkontos notwendig. In erster Linie ist dies ein eigenes Email-postfach, welches als Zusatzfunktion 15 GB Cloudspeicher, genannt Google Drive, zur Verfügung stellt. In diesem Speicher werden die neuen und bearbeiteten Dateien von den Webanwendungen abgelegt.

Um den Speicher von Google Drive auch offline nutzen zu können, ist eine Installation vom Internetbrowser Google Chrome auf dem PC notwendig. Für mobile Endgeräte können die Dateien über die Google Drive App lokal abgelegt werden. Eine Bearbeitung ist auf dem entsprechenden Gerät dann gewohnt möglich. Die Synchronisation mit dem Cloudspeicher erfolgt automatisch, sobald das Gerät oder der PC wieder eine Internetverbindung aufgebaut hat. Diese Funktion läuft ohne Schwierigkeiten ab. Nicht überprüft werden konnte die Funktionsweise bei Bearbeitungen der gleichen Datei durch mehrere Nutzer. Ebenso muss beim Gebrauch verschiedener Endgeräte daran gedacht werden, dass die Daten aktuell synchronisiert sind. Obwohl Google den Komfort der offline Bearbeitung (3.1.4) anbietet, ist dies jedoch nur unter bestimmten Voraussetzungen möglich. Dafür gibt es nur zwei Punkte. Für den Aspekt, dass nur durch eine Onlineverbindung (3.1.3) die aktuellen Daten aus dem Cloudspeicher zur Verfügung stehen, gibt es ebenfalls nur zwei Punkte.

Das Microsoft Office Paket kommt ohne jegliche Onlineverbindung aus. Da keine Anforderungen ans Internet gestellt werden und alles komplett offline nutzbar ist, werden jeweils vier Punkte für die Kriterien 3.1.3 und 3.1.4 vergeben.

Wie bereits über Google Docs erwähnt, werden die Anwendungen in einem Internetbrowser über JavaScript ausgeführt. Es ist keine Installation auf dem PC notwendig, so dass mit jedem Desktop PC oder Notebook auf die Programme und Daten zugegriffen werden kann. Für mobile Endgeräte, wie Smartphone und Tablet, gibt es die Möglichkeit, Google Docs über eine entsprechende Internetbrowser App zu bedienen. Die Nutzung ist dann vergleichbar mit der PC Version. Entsprechende Anwendungsapps von Google Dokumente, Tabellen und Präsentationen können auch auf dem mobilen Gerät installiert werden. Durch den direkten Start wird kein Browser benötigt und so ist die volle Funktionsfähigkeit der Anwendung sichergestellt. Die nachfolgende Abbildung 17 zeigt die Bildschirmanzeige eines Tablets bei der Bearbeitung eines Textdokumentes im Internetbrowser Mozilla Firefox:

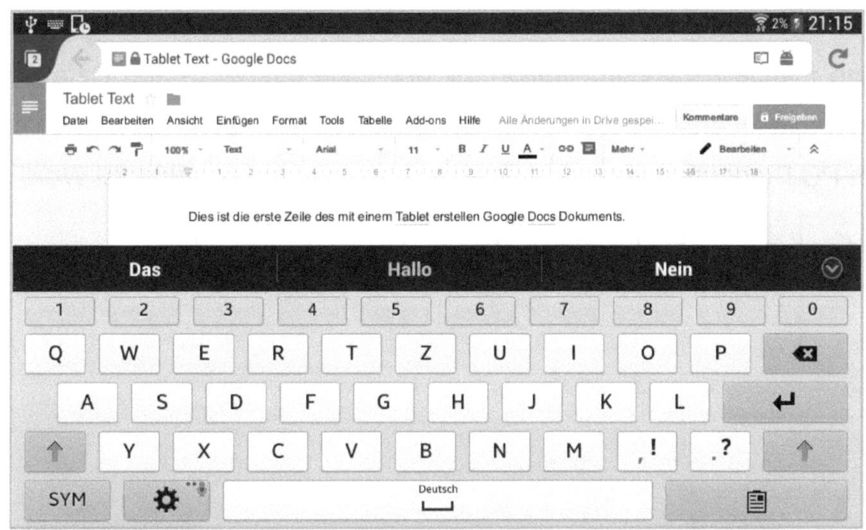

Abbildung 17: Google Dokumente Bildschirm vom Tablet[33]

Die Abbildung 18 demonstriert den Bildschirm eines Smartphones mit geöffneter Tabelle in der Google Tabellen App:

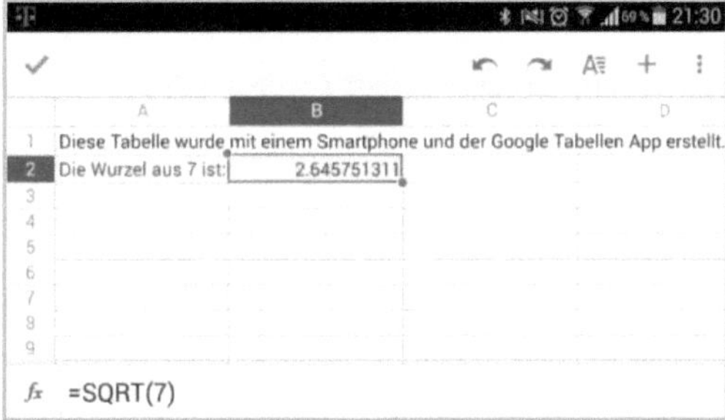

Abbildung 18: Google Tabellen Bildschirm vom Smartphone[34]

Auch wenn die Bedienung auf kleineren Bildschirmen erschwert ist, so sind jedoch alle Funktionen für den Nutzer verfügbar. Aus diesem Grund gibt es jeweils volle vier Punkte bei der Desktop/Notebook (3.1.5) und mobilen Endgeräte Nutzung (3.1.6) für Google Docs.

Microsoft Office ist zur Installation auf einem Computer konzipiert, somit können die Programme von dort direkt gestartet werden. Sollen die Anwendungen auf mehreren Rechnern verfügbar sein, müssen zusätzliche Produktlizenzen erworben werden. Wegen der Unflexibilität in der Häufigkeit der PC Installationen erhält Microsoft Office nur zwei Punkte. Für die Nutzung auf mobilen Endgeräten (3.1.6) fällt die Wertung mit nur einem Punkt aus. Grundsätzlich bietet Office 2010 keine Nutzbarkeit auf mobilen Endgeräten oder über einem Webbrowser. Durch eine kostenlose Einrichtung eines Microsoft-Kontos kann Office Online genutzt werden, für mobile Endgeräte als eigenständige App oder als Webanwendung über einen Internetbrowser. Die Dateien können jedoch nur über den

---

[33] Eigene Darstellung aus Bildschirmausdruck.

[34] Eigene Darstellung aus Bildschirmausdruck.

eigenen Cloudspeicher OneDrive erstellt oder geöffnet werden.[35] Dafür ist eine vorherige manuelle Synchronisation mit den lokal gespeicherten Daten notwendig. Die Bedienoberfläche der Anwendung sieht im Browser sehr ähnlich aus, wie die vom PC Programm, wie nachfolgende Abbildung 19 am Beispiel Word zeigt:

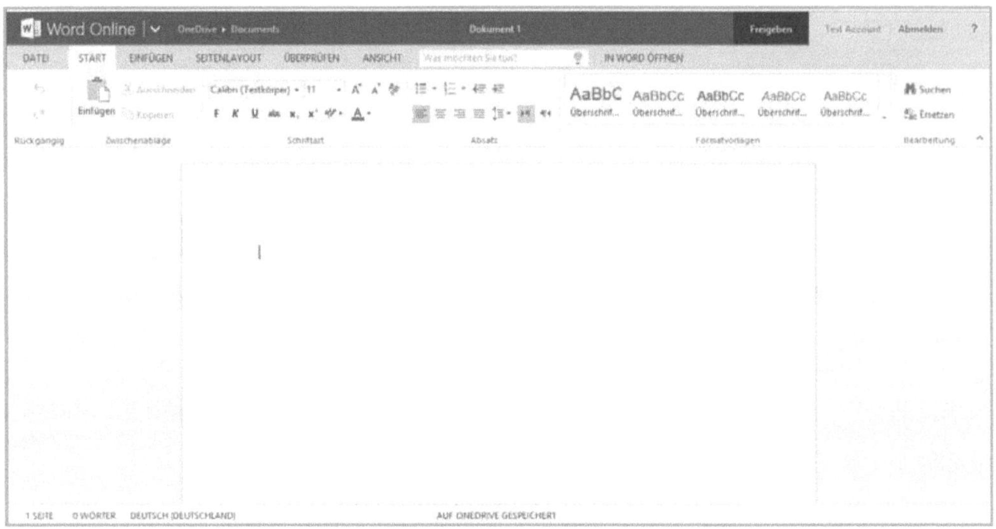

Abbildung 19: Microsoft Office Word Online[36]

4.3.2 Service und Support

Microsoft bemüht sich sehr um seine Kunden. Neben der offline Hilfefunktion in der Software gibt es ein vielfältiges Onlineangebot. Darauf kann sowohl aus dem Programm selbst, als auch über Suchfunktionen auf der eigens eingerichteten Microsoft Office Homepage[37] im Internet zugegriffen werden. Da die Anwendungen seit 1989 auf dem Markt sind, konnte das Repertoire zur Unterstützung der Anwender wachsen und bietet eine Datenbank für die bisher aufgekommenen Fragestellungen. Ebenso haben es sich unzählige Webseiten auf der ganzen Welt zur Aufgabe gemacht Hilfen und Support rund um die Produkte von Microsoft zusammenzutragen und zu dokumentieren. Weitere Foren bietet die Möglichkeit auf Problemfälle individuell einzugehen, entweder offiziell bei Microsoft oder in einer der Communities.

Die Nutzer der relativ jungen Anwendungen von Google Docs werden ebenfalls im Internet durch eine Support Seite[38] des Herstellers unterstützt. Der Umfang ist wesentlich geringer als beim Konkurrenten und es gibt auch weniger private Seiten, die sich mit dem Thema Hilfestellungen und Foren auseinandersetzen. Dies mag vielleicht auch dem Aspekt geschuldet sein, dass die Anwendungen von Google noch nicht die Komplexität erreicht haben, wie die Produkte von Micro-

---

[35] Vgl. Microsoft Office Online (15.10.2014).
[36] Eigene Darstellung aus Bildschirmausdruck.
[37] http://office.microsoft.com/de-de/support/
[38] http://support.google.com/docs/

soft. Und letztere könnten den Nutzern in der Bedienung bereits bekannt sein, so dass beim Umstieg auf Google bestimmte Fragen nicht mehr auftreten.
In der Bewertung für den Service und Support (3.2) erhält Microsoft vier Punkte und Google drei.

4.3.3 Preis

Die drei Anwendungen von Google Docs sind für private Nutzer kostenfrei. Lediglich die Erstellung eines kostenfreien Kundenkontos wird benötigt, wobei dazu keine privaten Daten angegeben werden müssen. Für eine gewerbliche Nutzung fallen Kosten ab € 4,00 je Monat und Nutzer an, entsprechend dem Umfang des Leistungspaketes.[39]
Hingegen kostet das kleinste Office Paket aus dem Hause Microsoft für den Privatanwender € 139,00 pauschal zur Installation auf einem PC. Für die kleinste gewerbliche Version werden € 269,00 je Installation verlangt, dies entspricht preislich einer über 5,5 jährigen gewerblichen Nutzung von Google Docs.[40]
Im privaten und gewerblichen Bereich liegt Google vorne, denn nach durchschnittlich vier Jahren wird von Microsoft eine neue Version des Office Paketes veröffentlicht. Diese muss dann wieder käuflich erworben werden, um auf dem aktuellen Entwicklungsstand zu sein. Bei Google geschieht dies automatisch und bekommt dafür in der Bewertung (3.3) vier Punkte zu zwei für den Mitbewerber.

5 Gesamtbewertung

In der Gesamtbewertung der Nutzwertanalyse schließt Microsoft Office 2010 mit 3,5 Punkten klar vor Google Docs mit 2,9 ab, maximal wären vier erreichbar.
Zur Ermittlung wurde unter Gliederungspunkt 1 und 2 von den fachlichen Anforderungen und der Benutzerfreundlichkeit der Mittelwert aus allen Anwendungsfällen ermittelt. Alle sechs Aufgaben erfüllt der Gesamtsieger besser als sein Konkurrent. Auch bei der Benutzerfreundlichkeit hat das junge Produkt Google Docs das Nachsehen. Zu erklären ist dies mit dem Umstand, dass Office bereits auf langjährige Erfahrung zurückgreifen kann und so stetig im Funktionsumfang wachsen und verbessert werden konnte. Bei der Bedienung lag Microsoft sogar knapp zurück und konnte nur durch den Umstand aufholen, dass durch den Cloudspeicher bei Google die Datensicherheit und Portabilität eingeschränkt ist.
Aber auch Microsoft geht mit seinen neueren Produktentwicklungen ähnliche Wege wie Google Docs. Seit 2011 werden unter der Bezeichnung „Office 365“ die Standardprogramme als käufliche Webanwendungen angeboten. Die Erstel-

---

[39] Vgl. Google Business (15.10.2014).
[40] Vgl. Microsoft Office Produktvergleich (15.10.2014).

lung und Bearbeitung der Dateien erfolgt, wie auch bei Google, über den Internetbrowser oder als installierte App auf mobilen Endgeräten. Die Ablage der Daten findet auch hier in einem Cloudspeicher statt.
Überraschend liegt Google Docs bei den Randbedingungen vorne. Die Systemvoraussetzungen sind zwar durch die primäre Onlinenutzung schlechter ausgefallen, aber bei der Nutzbarkeit am Computer und auf mobilen Endgeräten konnte aufgeholt werden. Zuletzt hat der Preis auch den entscheidenden Unterschied gebracht. Die Produkte von Google sind für den Privatanwender kostenfrei und können auf beliebig vielen Geräten verwendet werden. Hingegen erlaubt Microsoft nur die Installation auf einem Gerät pro gekaufter Produktlizenz. Kostenfrei werden im Internet nur Betrachtungsprogramme für erstellte Dateien angeboten.

Die Gesamtpunkte der einzelnen fachlichen Anforderungen sowie der Gesamtbewertung sind zur besseren Verdeutlichung nachfolgend als Balkendiagramm dargestellt (Abbildung 20). In blauer Farbe die Ergebnisse von Google Docs und in rot Microsoft Office 2010:

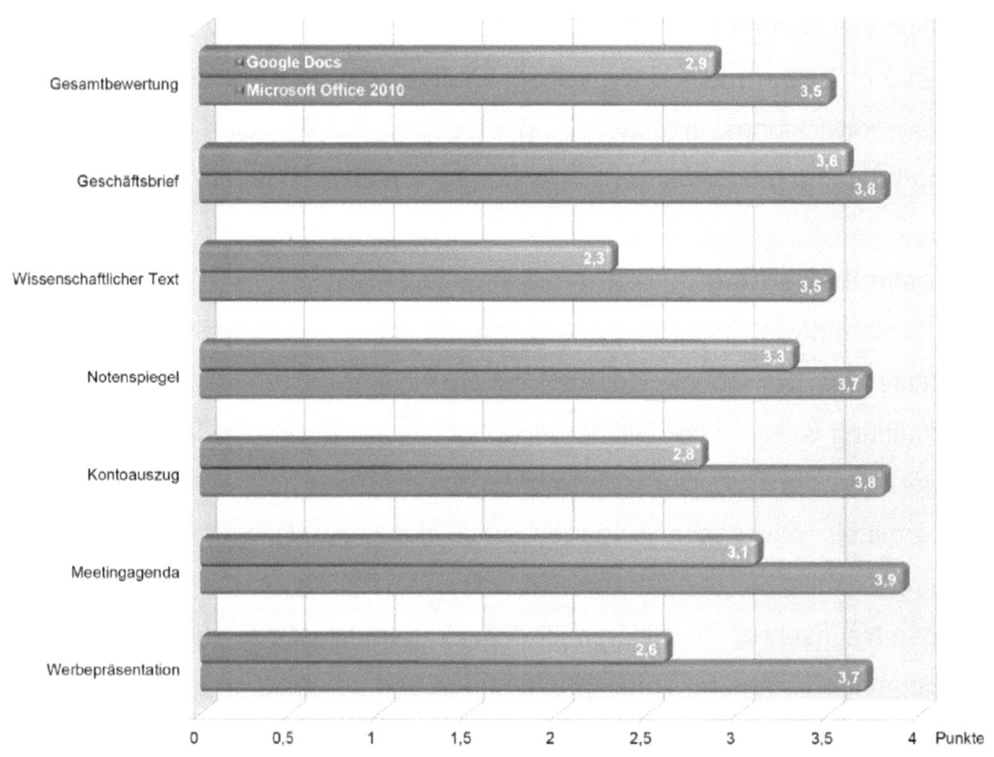

Abbildung 20: Gesamtpunkte der Nutzwertanalyse als Diagramm[41]

[41] Eigene Darstellung.

6 Ausblick

Die neueren Entwicklungen im Hause Microsoft, bezüglich der Vernetzung vom klassischen Office mit online Angeboten und eingerichtetem Cloudspeicher, gehen in die gleiche Richtung wie die Produkte von Google. Einer der Gründe dafür dürfte der vermehrte Gebrauch von mobilen Endgeräten neben dem heimischen Computer sein. Dadurch ergibt sich der Bedarf die eigenen Dateien überall und ständig zur Verfügung zu haben.

Der Branchenprimus Microsoft muss reagieren, um dauerhaft seine Stellung am Markt halten zu können. Bei seinen PC Versionen ist der komplexe Funktionsumfang verfügbar. Jetzt gilt es diesen auf die Webanwendungen und Apps zu übertragen, ohne die Effizienz der Nutzer zu mindern.

Google hat noch viel Potenzial im Ausbau seiner Docs Produkte. Durch online Problemmeldungen hat das Unternehmen bereits die Möglichkeit vom Nutzer direktes Feedback zu erhalten. Da Google in vielen Bereichen aktiv ist, und versucht sich dort zu etablieren, ist anzunehmen, dass Microsoft hier einen starken Konkurrenten erwarten kann.

Wer aktuell nur ein paar kleine Aufgaben mit Textverarbeitung und Co. erledigen möchte, kann auf das kostenlose Angebot von Google Docs zurückgreifen. Für den ambitionierten Anwender bleibt nur das bisher etablierte Kaufprodukt Microsoft Office übrig.

Anhang A: Leistungskatalog (Tabelle)

Leistungskatalog **Vergleich Google Docs mit Microsoft® Office 2010**					**Gesamt-bewertung**	**Geschäfts-brief**	**Wissen-schaftlicher Text**	**Noten-spiegel**	**Konto-auszug**	**Meeting-agenda**	**Werbe-präsentation**
	Gesamt	Gewichtung absolut in %	Gewichtung absolut in %	Gewichtung relativ							
1. Funktionale/fachliche Anforderungen	50%				•						
1.1 Starten der Anwendungen		2%		0,010	•	•	•	•	•	•	•
1.2 Textverarbeitung		25%			•						
1.2.1 Schriftformatierung			12%	0,015	•	•	•				
1.2.2 Absatzformatierung			8%	0,010	•	•	•				
1.2.3 Seitenlayout			8%	0,010	•	•	•				
1.2.4 Kopf- und Fußzeile			8%	0,010	•		•				
1.2.5 Rechtschreibprüfung und Silbentrennung			12%	0,015	•		•				
1.2.6 Textformatvorlagen			7%	0,009	•		•				
1.2.7 Formeln			7%	0,009	•		•				
1.2.8 Integration von Bildern und Objekten			12%	0,015	•		•				
1.2.9 Fußnoten			6%	0,008	•		•				
1.2.10 Quellenverzeichnis			6%	0,008	•		•				
1.2.11 Inhaltsverzeichnis			6%	0,008	•		•				
1.2.12 Tabellen			8%	0,010	•		•				
1.3 Tabellenkalkulation		25%			•						
1.3.1 Formeln			12%	0,015	•			•	•		
1.3.2 komplexe Funktionen			16%	0,020	•				•		
1.3.3 Diagramme			8%	0,010	•			•	•		
1.3.4 Farben, Rahmen, Schattierung usw.			12%	0,015	•			•	•		
1.3.5 Verwaltung von Arbeitsblättern			12%	0,015	•				•		
1.3.6 Kopf- und Fußzeile			8%	0,010	•				•		
1.3.7 Wiederholungsspalten/-zeilen			8%	0,010	•				•		
1.3.8 Ansicht teilen/fixieren			8%	0,010	•				•		
1.3.9 Import Daten-Dateien			12%	0,015	•				•		
1.3.10 Filter-Funktion			4%	0,005	•				•		
1.4 Präsentation		25%			•						
1.4.1 Navigation im Präsentationsmodus			6%	0,008	•					•	•
1.4.2 Einheitliches Folienlayout			8%	0,010	•					•	•
1.4.3 Schrift- und Textformatierung			8%	0,010	•					•	•
1.4.4 Bilder			10%	0,013	•					•	•
1.4.5 Diagramme			8%	0,010	•					•	•
1.4.6 Formen/Zeichenelemente			10%	0,013	•						•
1.4.7 Integration von Verknüpfungen/Links			6%	0,008	•						•
1.4.8 Texteffekte (WordArt)			8%	0,010	•						•
1.4.9 Überblendeffekte			12%	0,015	•						•
1.4.10 Animationen			12%	0,015	•						•
1.4.11 Notizen			6%	0,008	•						•
1.4.12 Kopf- und Fußzeile			6%	0,008	•						•
1.5 Ladbare Dateiformate		5%		0,025	•		•		•		•
1.6 Speicherbare Dateiformate		5%		0,025	•		•		•		•
1.7 Urheberinformationen		3%		0,015	•		•		•		•
1.8 Datenschutz		5%		0,025	•		•		•		•
1.9 Realistischer Ausdruck		5%		0,025	•	•	•	•	•	•	•
2. Benutzerfreundlichkeit	20%				•						
2.1 Intuitive Bedienung		20%		0,040	•	•	•	•	•	•	•
2.2 Visuelle und strukturierte Gestaltung		20%		0,040	•	•	•	•	•	•	•
2.3 Hilfefunktion		20%		0,040	•	•	•	•	•	•	•
2.4 Portabilität der Daten		20%		0,040	•	•	•	•	•	•	•
2.5 Datensicherheit		20%		0,040	•	•	•	•	•	•	•
3. Randbedingungen	30%				•						
3.1 Systemvoraussetzungen		50%			•						
3.1.1 Hardware			15%	0,023	•						
3.1.2 Betriebssystem			15%	0,023	•						
3.1.3 Internet			15%	0,023	•						
3.1.4 Offline Nutzung			20%	0,030	•						
3.1.5 Desktop PC/Notebook Nutzung			20%	0,030	•						
3.1.6 Mobile Endgeräte Nutzung			15%	0,023	•						
3.2 Service/Support		25%		0,075	•						
3.3 Preis		25%		0,075	•						

Tabelle 8: Leistungskatalog Gesamt

Anhang B: Nutzwertanalyse (Tabelle)

Nutzwertanalyse Vergleich Google Docs mit Microsoft® Office 2010					Gesamtbewertung				Geschäftsbrief		Wissenschaftlicher Text		Notenspiegel		Kontoauszug		Meetingagenda		Werbepräsentation	
					Google Docs		Microsoft® Office 2010		Google Docs	Microsoft® Office 2010	Google Docs	Microsoft® Office 2010	Google Docs	Microsoft® Office 2010	Google Docs	Microsoft® Office 2010	Google Docs	Microsoft® Office 2010	Google Docs	Microsoft® Office 2010
	Gesamt	Gewichtung absolut in %	Gewichtung absolut in %	Gewichtung relativ	Punkte	Nutzen	Punkte	Nutzen	Punkte	Punkte	Punkte	Punkte	Punkte	Punkte	Punkte	Punkte	Punkte	Punkte	Punkte	Punkte
1. Funktionale/fachliche Anforderungen	50%				1,31		1,90													
1.1 Starten der Anwendungen		2%		0,010	3	0,03	4	0,04	3	4	3	4	3	4	3	4	3	4	3	4
1.2 Textverarbeitung		25%				0,28		0,47												
1.2.1 Schriftformatierung			12%	0,015	2,5	0,04	4	0,06	4	4	1	4								
1.2.2 Absatzformatierung			8%	0,010	4	0,04	4	0,04	4	4	4	4								
1.2.3 Seitenlayout			8%	0,010	3,5	0,04	4	0,04	4	4	3	4								
1.2.4 Kopf- und Fußzeile			8%	0,010	2	0,02	4	0,04			2	4								
1.2.5 Rechtschreibprüfung und Silbentrennung			12%	0,015	0	0,00	4	0,06			0	4								
1.2.6 Textformatvorlagen			7%	0,009	3	0,03	3	0,03			3	3								
1.2.7 Formeln			7%	0,009	2	0,02	3	0,03			2	3								
1.2.8 Integration von Bildern und Objekten			12%	0,015	2	0,03	4	0,06			2	4								
1.2.9 Fußnoten			6%	0,008	4	0,03	4	0,03			4	4								
1.2.10 Quellenverzeichnis			6%	0,008	0	0,00	2	0,02			0	2								
1.2.11 Inhaltsverzeichnis			6%	0,008	2	0,02	4	0,03			2	4								
1.2.12 Tabellen			8%	0,010	3	0,03	4	0,04			3	4								
1.3 Tabellenkalkulation		25%				0,39		0,50												
1.3.1 Formeln			12%	0,015	4	0,06	4	0,06					4	4	4	4				
1.3.2 komplexe Funktionen			16%	0,020	3	0,06	4	0,08							3	4				
1.3.3 Diagramme			8%	0,010	4	0,04	4	0,04					4	4	4	4				
1.3.4 Farben, Rahmen, Schattierung usw.			12%	0,015	4	0,06	4	0,06					4	4	4	4				
1.3.5 Verwaltung von Arbeitsblättern			12%	0,015	4	0,06	4	0,06							4	4				
1.3.6 Kopf- und Fußzeile			8%	0,010	1	0,01	4	0,04							1	4				
1.3.7 Wiederholungsspalten/-zeilen			8%	0,010	3	0,03	4	0,04							3	4				
1.3.8 Ansicht teilen/fixieren			8%	0,010	4	0,04	4	0,04							4	4				
1.3.9 Import Daten-Dateien			12%	0,015	1	0,02	4	0,06							1	4				
1.3.10 Filter-Funktion			4%	0,005	3	0,02	4	0,02							3	4				
1.4 Präsentation		25%				0,32		0,48												
1.4.1 Navigation im Präsentationsmodus			6%	0,008	4	0,03	4	0,03									4	4	4	4
1.4.2 Einheitliches Folienlayout			8%	0,010	4	0,04	4	0,04									4	4	4	4
1.4.3 Schrift- und Textformatierung			8%	0,010	3	0,03	4	0,04									3	4	3	4
1.4.4 Bilder			10%	0,013	4	0,05	4	0,05									4	4	4	4
1.4.5 Diagramme			8%	0,010	0	0,00	4	0,04									0	4	0	4
1.4.6 Formen/Zeichenelemente			10%	0,013	4	0,05	4	0,05											4	4
1.4.7 Integration von Verknüpfungen/Links			6%	0,008	3	0,02	4	0,03											3	4
1.4.8 Texteffekte (WordArt)			8%	0,010	2	0,02	4	0,04											2	4
1.4.9 Überblendeffekte			12%	0,015	2	0,03	4	0,06											2	4
1.4.10 Animationen			12%	0,015	1	0,02	4	0,06											1	4
1.4.11 Notizen			6%	0,008	4	0,03	4	0,03											4	4
1.4.12 Kopf- und Fußzeile			6%	0,008	0	0,00	1	0,01											0	1
1.5 Ladbare Dateiformate		5%		0,025	2	0,05	3	0,08			2	3			3	4			1	2
1.6 Speicherbare Dateiformate		5%		0,025	3	0,08	3,7	0,09			2	3			4	4			3	4
1.7 Urheberinformationen		3%		0,015	1	0,02	4	0,06			1	4			1	4			1	4
1.8 Datenschutz		5%		0,025	3	0,08	4	0,10			3	4			3	4			3	4
1.9 Realistischer Ausdruck		5%		0,025	3,2	0,08	3,7	0,09	4	4	3	4	2	3	2	3	4	4	4	4
2. Benutzerfreundlichkeit	20%				0,54		0,70													
2.1 Intuitive Bedienung		20%		0,040	3,5	0,14	3,2	0,13	4	3	3	2	3	3	3	3	4	4	4	4
2.2 Visuelle und strukturierte Gestaltung		20%		0,040	4	0,16	3,3	0,13	4	3	4	3	4	3	4	3	4	4	4	4
2.3 Hilfefunktion		20%		0,040	3	0,12	3	0,12	3	3	3	3	3	3	3	3	3	3	3	3
2.4 Portabilität der Daten		20%		0,040	2	0,08	4	0,16	2	4	2	4	2	4	2	4	2	4	2	4
2.5 Datensicherheit		20%		0,040	1	0,04	4	0,16	1	4	1	4	1	4	1	4	1	4	1	4
3. Randbedingungen	30%				1,02		0,90													
3.1 Systemvoraussetzungen		50%				0,50		0,45												
3.1.1 Hardware			15%	0,023	4	0,09	3	0,07												
3.1.2 Betriebssystem			15%	0,023	4	0,09	4	0,09												
3.1.3 Internet			15%	0,023	2	0,05	4	0,09												
3.1.4 Offline Nutzung			20%	0,030	2	0,06	4	0,12												
3.1.5 Desktop PC/Notebook Nutzung			20%	0,030	4	0,12	2	0,06												
3.1.6 Mobile Endgeräte Nutzung			15%	0,023	4	0,09	1	0,02												
3.2 Service/Support		25%		0,075	3	0,23	4	0,30												
3.3 Preis		25%		0,075	4	0,30	2	0,15												
Nutzwert	100%			1,000	2,9		3,5		3,6	3,8	2,3	3,5	3,3	3,7	2,8	3,8	3,1	3,9	2,6	3,7

Tabelle 9: Nutzwertanalyse Gesamt

Quellenverzeichnis

Google Anforderungen (15.10.2014): https://support.google.com/drive/answer/2375082?hl=de, abgerufen am 15.10.2014.

Google Business (15.10.2014): http://www.google.de/intx/de/enterprise/apps/business/, abgerufen am 15.10.2014.

Google Products (10.03.2014): http://www.google.de/intl/de/about/products/, abgerufen am 10.03.2014.

Google Support (15.10.2014): https://support.google.com/drive/answer/2407404?hl=de, abgerufen am 15.10.2014.

Microsoft Anforderungen (15.10.2014): http://technet.microsoft.com/de-de/library/ee624351%28v=office.14%29.aspx, abgerufen am 15.10.2014.

Microsoft Office Online (15.10.2014): http://office.microsoft.com/de-de/online/, abgerufen am 15.10.2014.

Microsoft Office Produktvergleich (15.10.2014): http://office.microsoft.com/de-de/buy/alle-microsoft-office-abonnementplane-und-produkte-vergleichen-FX102898564.aspx, abgerufen am 15.10.2014.

Statista (2010): http://de.statista.com/statistik/daten/studie/77226/umfrage/internetnutzer---verbreitung-von-office-software-in-deutschland/, abgerufen am 14.09.2014.

Wikipedia Office (2014): http://de.wikipedia.org/wiki/Microsoft_Office, abgerufen am 14.09.2014.